浪花朵

大哲学家的动

叔本华的

U0455229

[法]艾丽斯·布里埃-阿凯 编　　[法]奥利维耶·菲利波诺 绘

Yiheng 译

CNS湖南美术出版社

全国百佳图书出版单位

·长沙·

Le Porc-épic de Schopenhauer - Philonimo 1

Text by Alice Brière-Haquet and illustrations by Olivier Philipponneau

© Éditions 3œil, 2020 Simplified Chinese edition arranged through Dakai - L'agence

透过封面的洞洞和哲学家的小动物打个招呼吧！

在一个寒冷的冬天，
几只刺猬紧紧地挤在一起。

它们只是想要暖和一点儿。

但是它们都被刺扎伤了。

于是，它们就各自分开，
因为离得太远，没过多久又觉得冷。

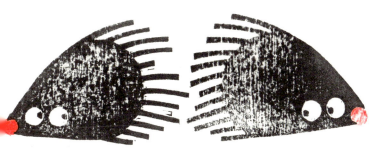

后来，它们就先靠近，
再分开。

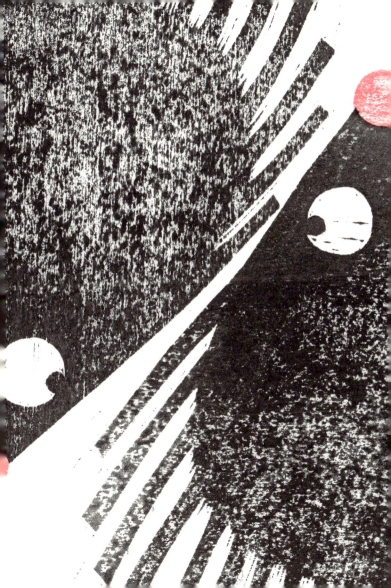

靠近……

分开……

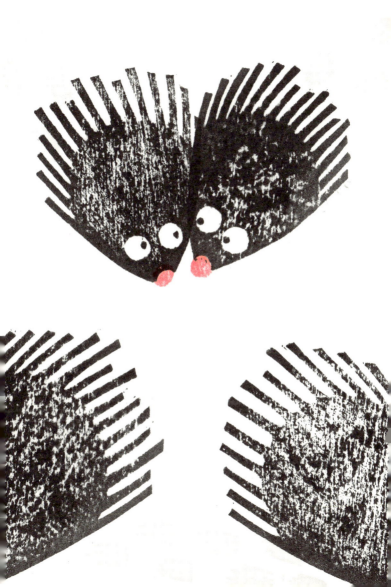

就这样度过了一整个冬天，
像拉手风琴一样。

人和刺猬也有一点儿像。
而且不只在冬天才这样。

当人们觉得无聊的时候，就会想要聚在一起。
但是没多久，他们又开始相互指责。

他们的优点和缺点、成功和失败……

这些都会影响着他们，
让他们相互分开，

然后再次见面，
就这样一次又一次，持续不断……

刺猬们是这样解决这个问题的：
保持合适的距离、
恰当的举止。

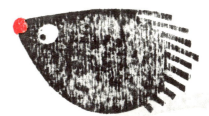

这和我们经常说的"讲礼貌"有点儿像，可以让我们相爱而不受伤。

本书中文简体版权归属于银杏树下（上海）图书有限责任公司
著作权合同登记号：图字18-2022-075

图书在版编目（CIP）数据

大哲学家的动物故事 / （法）艾丽斯·布里埃-阿凯
编；（法）奥利维耶·菲利波诺等绘；Yiheng译. — 长
沙：湖南美术出版社，2022.6
ISBN 978-7-5356-9780-6

Ⅰ. ①大… Ⅱ. ①艾… ②奥… ③Y… Ⅲ. ①哲学—
儿童读物 Ⅳ. ①B-49

中国版本图书馆CIP数据核字（2022）第056796号

大哲学家的动物故事
DAZHEXUEJIA DE DONGWU GUSHI

出 版 人：黄 啸			
编　者：[法]艾丽维斯·布里埃-阿凯		绘　者：[法]奥利维耶·菲利波诺 等
译　者：Yiheng		出版策划：北京浪花朵朵文化传播有限公司
出版统筹：吴兴元		责任编辑：贺澧沙
特约编辑：解都悦		营销推广：ONEBOOK
装帧制造：墨白空间·唐志永		
出版发行：湖南美术出版社（长沙市东二环一段 622 号）		
后浪出版公司		
印　刷：鸿博昊天科技有限公司		开　本：965×670　1/32
印　张：5.75		字　数：30 千字
版　次：2022年6月第1版		印　次：2022年6月第1次印刷
书　号：ISBN 978-7-5356-9780-6		定　价：168.00元（全六册）

官方微博：@浪花朵朵童书
读者服务：reader@hinabook.com 188-1142-1266
投稿服务：onebook@hinabook.com 133-6631-2326
直销服务：buy@hinabook.com 133-6657-3072

浪花朵朵

大哲学家的动物故事 ②
爱比克泰德的乌鸦

[法]艾丽斯·布里埃-阿凯 编　[法]西勒 绘

Yiheng 译

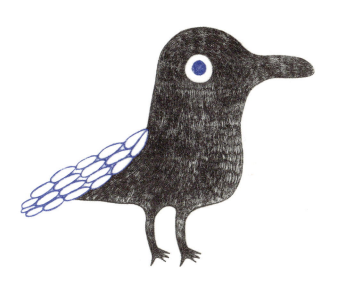

湖南美术出版社

全国百佳图书出版单位

·长沙·

Le Corbeau d'Épictète - Philonimo 2
Text by Alice Brière-Haquet and illustrations by Csil
© Éditions 3œil, 2020 Simplified Chinese edition arranged through Dakai - L'agence

透过封面的洞洞和哲学家的小动物打个招呼吧！

在一座房子的屋顶上，
一只乌鸦呱呱地叫着。

伟大的科学家们都赶来了，
他们聚在一起谈论这件事。

这叫声是从右边传来的，还是左边？
这是一个好兆头，还是一个坏兆头？

为了弄清神明的指示，
他们画下星星的轨迹、
翻阅落满灰尘的书籍。
他们解释先知的预言……

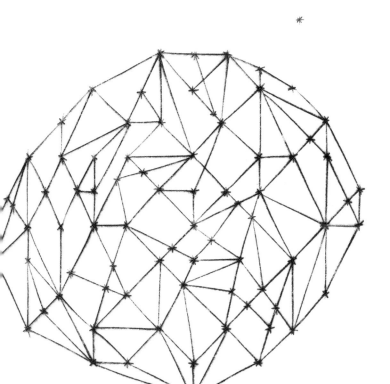

难道一场战争即将爆发?
一次狂风暴雨即将来临?
一个时代就要终结了?
那么,我们要拉响警报吗?

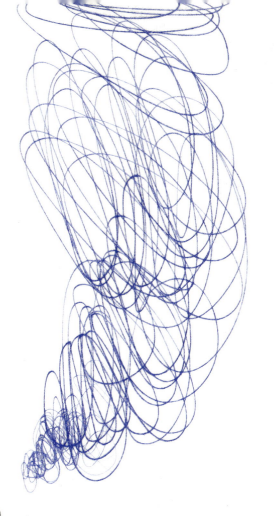

就在这个时候，乌鸦又叫了起来。
看来情况更加紧急了。

一位智者走过来，说：

这些预兆都与我本人无关，
它们和我的田地、
房子、钱财有关。

如果这一切都繁荣兴旺，我就会更加富有。

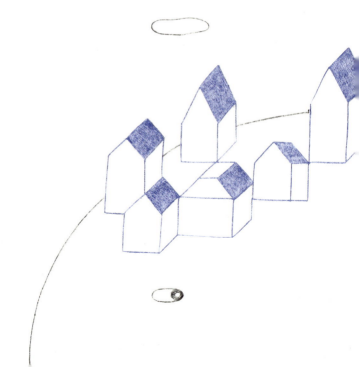

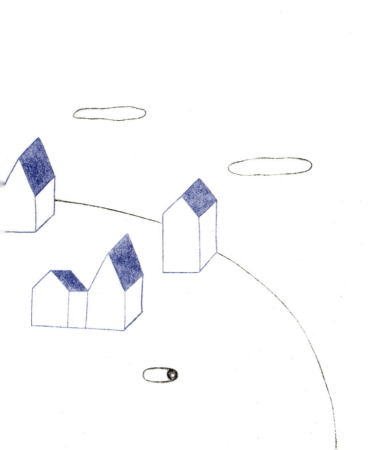

如果这一切都失去了，我就会更加自由。

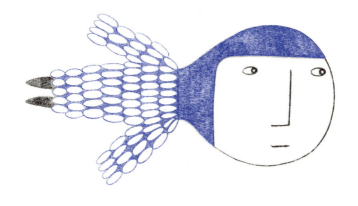

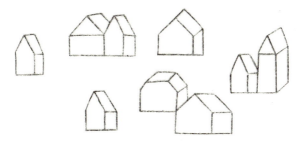

所以不管发生了什么，
都不会影响到我的幸福。

神明的指示对我们来说有什么意义呢?

让我们在乌鸦的叫声中
寻找美好的东西吧……

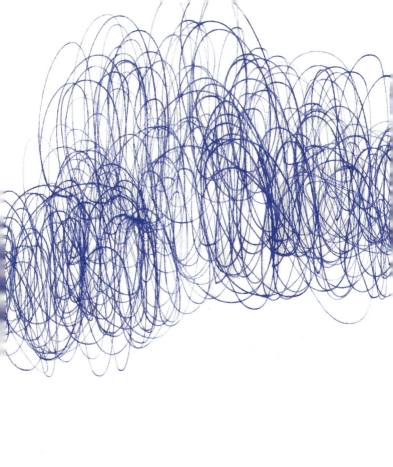

……试着快乐起来吧。

浪花朵朵

大哲学家的动物故事 ③
庄子的蝴蝶

[法]艾丽斯·布里埃-阿凯 编　[法]拉菲尔·安扎丽 绘

Yiheng 译

CTS | 湖南美术出版社

全国百佳图书出版单位

·长沙·

Le Papillon de Tchouang-Tseu - Philonimo 3

Text by Alice Brière-Haquet and illustrations by Raphaële Enjary

© Éditions 3œil, 2021 Simplified Chinese edition arranged through Dakai - L'agence

透过封面的洞洞和哲学家的小动物打个招呼吧！

庄子做了一个梦。

他梦见自己长出了一对翅膀，

很轻、很轻……

他梦见自己是一只蝴蝶。

——这感觉可真好啊！

他在花丛中随风翩翩起舞，
从一朵花飞到另一朵花上，
感受着作为一只蝴蝶的快乐。

小蝴蝶自在地飞来飞去，
已经完全不记得庄子这个人了。

不知过了多久，庄子醒了。
他看着自己的身体，
还有周围的一切
——还是原来的那个庄子。

他想啊想啊，忽然担心起来……

他想：现在这个时候，
会不会是蝴蝶正在做梦，
梦见变成了庄子我呢？

谁能说得清呢？

有时候，梦境和现实
真的很难区分啊。

浪花朵朵

大哲学家的动物故事④
海德格尔的蜥蜴

[法]艾丽斯·布里埃-阿凯 编　[法]苏菲·维西艾尔 绘

Yiheng 译

CNS | 湖南美术出版社

全国百佳图书出版单位

·长沙·

Le Lézard de Heidegger - Philonimo 4
Text by Alice Brière-Haquet and illustrations by Sophie Vissière
© Éditions 3œil, 2021 Simplified Chinese edition arranged through Dakaï - L'agence

透过封面的洞洞和哲学家的小动物打个招呼吧！

从前，有一块石头，
还有一个太阳。

太阳晒热了石头，

但是石头并不知道。

它只是静静地待在这里。

还有一只蜥蜴，
它从这里经过。

它穿过草地，
想找到一块温暖的石头，
好趴在上面暖和暖和。

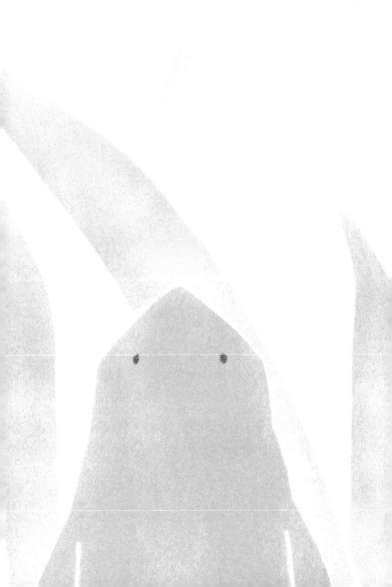

然后，它就在那块石头上趴了几个小时。
它喜欢静静地待在这里。

但是蜥蜴并不知道。

它不知道这块石头被叫作"石头"，
也不知道石头的温暖是因为阳光的照射。

它对太阳和行星一无所知，
对所有在宇宙中旋转的大石头
也都一无所知。

然后，过来了一个孩子，
他的名字叫明明。

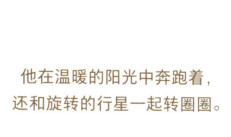

他在温暖的阳光中奔跑着，
还和旋转的行星一起转圈圈。

这可把蜥蜴给吓坏了……

它飞快地溜走，
去寻找另一块石头。

一块被它当作太阳的石头。

浪花朵朵

大哲学家的动物故事 ⑤
第欧根尼的狗

[法]艾丽斯·布里埃-阿凯 编　[日]马特和子 绘

Yiheng 译

湖南美术出版社

全国百佳图书出版单位

·长沙·

Le Chien de Diogène - Philonimo 5

Text by Alice Brière-Haquet and illustrations by Kazuko Matt

© Éditions 3œil, 2021 Simplified Chinese edition arranged through Dakai - L'agence

透过封面的洞洞和哲学家的小动物打个招呼吧！

如果我是一只狗，
我想，我会很快乐。

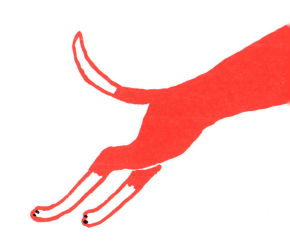

生活在广阔的大自然中，
远离人群，
远离他们的各种命令
和条条框框的约束。

没有栅栏，也没有项圈。
我想去哪里，就去哪里。

想吃，就吃。

想喝，就喝。

还可以在景色优美的地方
尿一泡尿，做个记号。

世界就是我的家，
天空就是我的屋顶，
生活就是我要观赏的风景。

雨水会为我洗澡，
风会吹干我的身体，
云朵会为我送来好梦。

春、夏、秋、冬，
年复一年……
我感受着四季的变化，

以及其他的很多变化。
比如：白天

和黑夜。

无聊和惊喜，
顺利和倒霉，
都在不断地交替。

所以，如果国王来问我：
"狗，你想要什么？
说吧，你会变得非常富有。"

我只请求他一件事，
一件我生命中最重要的事：

"请不要挡住我的阳光！"

浪花朵朵

大哲学家的动物故事 ⑥
维特根斯坦的鸭子

[法]艾丽斯·布里埃-阿凯 编　[法]洛伊克·高姆 绘

Yiheng 译

湖南美术出版社

全国百佳图书出版单位

长沙

Le Canard de Wittgenstein - Philonimo 6
Text by Alice Brière-Haquet and illustrations by Loïc Gaume
© Éditions 3œil, 2021 Simplified Chinese edition arranged through Dakai - L'agence

透过封面的洞洞和哲学家的小动物打个招呼吧！

——从前，有一只鸭子。

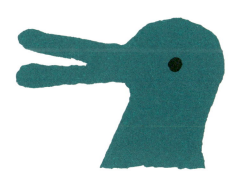

——你说它是一只鸭子？

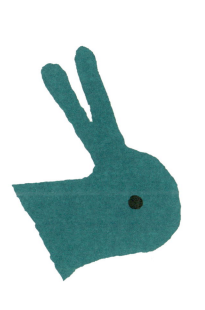

——我相信我看到的东西。

我看到一只鸭子在池塘里游泳，
还有一个猎人，在岸上盯着它。

——你看到的是你相信的东西。

这只"鸭子"并不是鸭子。

它正在菜地里啃着胡萝卜，狗一叫，它就飞快地逃走了。

——它张开翅膀，
飞向了天空。

——它抽动着鼻子，
钻进地洞。

——鸭子的鼻子根本就不会抽动！

——能抽动鼻子的，那就不是鸭子！

——我们必须得选一个动物，把故事讲完。

——谁说每次就只能有一种动物？

——这是游戏规则……

——但我们不一定要遵守。

——所以无论是在地上，还是在空中，
我们总会有办法
救下这只耳朵长长的"鸭子"！

浪花朵朵

Philonimo
大哲学家的动物故事

导读手册

和孩子一起走进哲学世界！

亚里士多德说："哲学起源于好奇。"小孩子天生就对自身和周围世界充满了好奇心、求知欲。他们具有独特、敏锐的观察力，有时候不经意间的思考、提问，会让爸爸妈妈们都很难回答。

小朋友提出了哲理性的问题，说明他们的哲学思维正在萌芽。这时候，如果爸爸妈妈们能够尊重孩子的问题和思考，一起认真讨论，就能更好地培养他们的逻辑思维和推理能力，促进人格的发展。

哥伦比亚大学哲学教授马修·李普曼曾说："儿童不但能学哲学，而且哲学与走路、说话一样，是人之初就该学的。"那么，就让我们和孩子一起走进哲学世界吧！

哲学离我们并不遥远

——"大哲学家的动物故事"系列简介

这套"大哲学家的动物故事"系列共 6 册，每册都与一种动物相关，同时与一个哲学家的观点相关。但是在内文中，几乎没有提到哲学家的名字或直接引用观点，而是将它们和故事融合在一起。这样就更加简洁易懂，并且可以留给我们更多思考和想象的空间。

这套书选取了古今中外 6 位著名的大哲学家，有古希腊的、古罗马的、古代中国战国时期的、19 世纪和 20 世纪西方的……这样就可以对某个时期具有代表性的哲学家及其观点有一个整体性的了解，这对今后进一步去学习哲学史的发展也有很大的帮助。

从这 6 本书探讨的内容看，有一个不可忽视的共同点：就是这些故事虽然主角是动物，但是其中表达的内容，都没有离开人和人们周围的世界——而哲学，就是要探索人与世界的关系问题！这套"大哲学家的动物故事"所涉及到的，也都是与我们自身密切相关的问题。读完这套书，我们可以发现，哲学其实离我们并不遥远。

忘掉"标准答案"，尽情思考和探讨

——分册阅读提示

这套书很适合和孩子一起读。在阅读过程中，可以和孩子互相提问，一起忘掉"标准答案"，积极思考，大胆说出自己的想法。

下面几种提问形式供参考：

· **你觉得……是什么？是……吗？**

· **为什么会有……呢？……是从哪里来的？**

· **如果……，会怎么样？**

下面的分册阅读提示结合了每位哲学家的基本信息和主要观点，对书中内容进行了一些解读，并提供了引导性的提问，谨供参考。

No.1 叔本华的刺猬：把握人际交往的尺度

19 世纪的德国哲学家叔本华（1788 年—1860 年）在《人生的智慧》中写道："人就像寒冬里的刺猬，互相靠得太近，会觉得刺痛；彼此离得太远，却又会感觉寒冷。"

这个比喻通常被称为"刺猬效应"。它告诉我们在与他人交往的时候，可以像刺猬那样保持合适的距离，如果太"亲密无间"，又或者太疏远冷漠，大家就容易感到不舒服，觉得没有被尊重。

因此，在生活中，无论是父母和孩子，老师和学生，还是朋友之间……都需要保持一定的社交距离，懂得基本的礼貌以及相互的尊重。

引导提问：

你觉得故事中所说的"礼貌"是什么呢？

No.2 爱比克泰德的乌鸦：幸福取决于我们的内心

乌鸦的叫声到底代表着什么？这个问题早在近 2000 年前，古罗马斯多葛学派的哲学家爱比克泰德（约 50 年—约 138 年）就思考过了。斯多葛学派的哲学家认为：很多事情不是我们能够控制和决定的，但是我们可以控制和决定对事物的看法和态度。

乌鸦的叫声是好兆头还是坏兆头，我们是无法预知和控制的。在生活中，也有很多我们控制不了的事情，但是我们还经常会受到影响，浪费了不少时间精力，还经常觉得不开心！故事中的智者或许能启示我们：保持积极、乐观的态度，去发现事物中美好的一面，寻求属于自己的幸福。从乌鸦的叫声里都能发现美好的东西，所以，你还等什么呢？

引导提问：

想想看，对于幸福来说，什么东西是一定要有的呢？

No.3 庄子的蝴蝶：梦与现实的分界线

战国时期的庄子（约前 369 年—前 286 年）在《齐物论》

的结尾写下了"庄周梦蝶"的故事。到底是我梦见了蝴蝶，还是蝴蝶梦见了我呢？蝴蝶和我，哪一个才是真实的？

在庄子看来，宇宙间的万物是相互平等、融合在一起的，虽然看起来差别很大，但其实是一个整体，就像人们很难分清梦境和现实一样。"天地与我并生，而万物与我为一"，蝴蝶与我、梦境与现实，甚至生与死之间，都是不断转化的，是事物变化过程中的一个阶段。

庄子的故事告诉我们，不管当下所经历的是快乐还是烦恼，从整体的视角来看都是暂时的，没有什么特别。有了这样的心态，我们或许能够更加潇洒自在。

> 引导提问：
> 如果我们现在就是在一个梦里，你觉得怎么样？

No.4 海德格尔的蜥蜴：人与动物的分别

太阳晒热了石头，石头知道吗？石头叫"石头"，蜥蜴知道吗？人和石头、蜥蜴到底有什么区别呢？

在这个故事中，我们可以和 20 世纪的德国哲学家海德格尔（1889 年—1976 年）一起思考这些有趣的问题。简单来说，海德格尔认为石头、动物和人"存在"的方式不一样。石头冷冰冰的，没有情感，不能和周围的环境产生联系，所以石头只是静静地待在那里，不知道太阳晒热了它。动物可以和周围环境产生联系，但是它们的活动只是本能的，所以蜥蜴会去找一块温暖的石头晒太阳，但是对"石头为什么会是温暖的"等问题一无所知。

而人可以和周围的世界建立联系，可以在阳光中奔跑，和行星一起转圈圈……

海德格尔是存在主义哲学的代表人物。他的哲学思想和著作都非常深奥难懂。但是在这个故事中，我们可以思考一下关于"存在"的问题，也非常有意义。

引导提问：
你觉得人和动物有什么不同？你说，人为什么会喜欢思考呢？

No.5 第欧根尼的狗：做国王，还是做一只狗

古希腊的犬儒学派哲学家第欧根尼（约前 404 年—约前 323 年）认为，社会的传统规范与标准是不诚实、不自然的，应该放弃它们，去过简朴的生活。对他来说，能够平静地晒一晒太阳，这就是一种幸福，比权势、地位重要得多。所以，当亚历山大大帝前来拜访时，他只说了一句："请不要挡住我的阳光！"

第欧根尼想要告诉人们：生活本身就有很高的价值。成为国王意味着种种规则和枷锁，可能过得还不如一只狗快活；而放弃世俗条约，把自己融入广阔的天地之间，感受四季变化、生活中的种种细节，这会带来更大的自由。所以，当我们学会用欣赏的心态去观察身边世界，就能够从点点滴滴的日常小事中获得满足！

引导提问：
如果我们都像狗一样生活，会怎么样？

No.6 维特根斯坦的鸭子：一个有趣的"语言游戏"

同一幅图，有人说它是鸭子，有人说它是兔子，这就是奇妙的"鸭兔图"，它让我们对同一个图形产生两种理解。我们可以把它看成一个视觉游戏。

20世纪的哲学家维特根斯坦（1889年—1951年）在他的《哲学研究》中也提出了一些关于鸭兔图的理解。在他看来，鸭兔图还是一个"语言游戏"。因为一个词语或是句子在被我们说出来的时候，总有特定的使用场景，也就是"语言环境"。在这个小故事里，两个人在对同一幅图进行争论，还给鸭子和兔子设定了很多场景，比如池塘、猎人、地洞、天空，说明了他们把鸭子和兔子放在了不同的语言环境下，得出了不同的答案（故事中用了两种不同的字体进行了区分）。

很多时候，我们的生活也像一张"鸭兔图"。对于同一件事，"公说公有理，婆说婆有理"，在这种情况下，我们应该怎么做呢？维特根斯坦认为，哲学就是要通过分析日常所用的语言，来处理这些模糊不清的问题，给困惑的人指引方向。通过鸭兔图，他想提醒我们：要小心我们所看到的事物的表面，它们可能隐藏着一些重要的东西，我们却没有发现……

那么，对于小朋友而言，拥有自己的独立思考、学会分析和判断，就非常重要了。

引导提问：
你说，"游戏规则"是从哪里来的？

本系列编者简介

●艾丽斯·布里埃-阿凯（Alice Brière-Haquet）

　　法国童书作家。她的书被翻译成 20 多种语言，获得了许多奖项。其中，绘本《埃菲尔夫人》获得了 2015 年度《纽约时报》十佳童书奖。

 ## 编者 Q&A

Q: 为什么选择从动物的角度来讲哲学故事？

A: 自古以来，动物就一直被用来比喻人类：从伊索寓言到现代，我们常常都会化用动物的形象。动物的形象可以表现人的思想。

Q: "大哲学家的动物故事"系列是为谁而编的？

A: 伟大的思想家对所有人开放！当然，幼儿园的孩子不会读哲学老师们那种砖头一样厚的著作，可是问基本问题是没有年龄限制的。所以，我们要用故事来滋养他们。

Q: 这个系列的灵感是来自于《叔本华的刺猬》吗？

A: 是的，这个比喻对我来说就很好，也很容易理解，对小孩子来说也是。而且，喜欢动物的人也都很有礼貌！

绘者简介

● **奥利维耶 · 菲利波诺**（Olivier Philipponneau）————

《叔本华的刺猬》绘者。漫画家。大部分创作都使用木雕版画技术。

● **西勒**（Csil）————

《爱比克泰德的乌鸦》绘者。与艾丽斯 · 布里埃 – 阿凯合作了《埃菲尔夫人》和《小保罗》两本绘本。

● **拉菲尔 · 安扎丽**（Raphaële Enjary）————

《庄子的蝴蝶》绘者。喜爱木刻技术，与艾丽斯 · 布里埃 – 阿凯合作"青年插画"项目。

● **苏菲 · 维西艾尔**（Sophie Vissière）————

《海德格尔的蜥蜴》绘者。在 2017 年博洛尼亚书展获得拉加齐奖"书籍和种子奖"。

● **马特和子**（Kazuko Matt）————

《第欧根尼的狗》绘者。毕业于武藏野美术大学，现居日本札幌，专门从事儿童书籍的创作。

● **洛伊克 · 高姆**（Loïc Gaume）————

《维特根斯坦的鸭子》绘者。在 2017 年博洛尼亚书展获得拉加齐奖"特别提及奖"。

本系列推荐

每一个儿童都是哲学家，儿童是一种蕴含无限可能性和创造性的生命存在。儿童不仅是概念、框架、知识、规则、思维模式的学习者和接受者，同时也是自然世界的观察者和探索者，生活世界的参与者和建构者，哲学问题的提出者和解答者。"大哲学家的动物故事"系列童书用一种浪漫和传奇的方式，尝试引领儿童与哲学家一同思考、质疑和追问。我们期待家长能俯下身子倾听孩子的言语，理解他们对周遭世界、人类社会、自然和宇宙的独特感知与想象。尊重和保护儿童理解世界的能动性和多样性，也是为儿童个体和人类社会的创造性与可能性埋下宝贵的种子。

——陈学金（北京市社会科学院 社会学研究所）

短短几句话、几个小故事，成功让 3 岁的孩子也开始思考！

——法国国家图书馆《儿童书评》年度选择

小小的身量、大胆明亮的色彩，小读者们透过封面上的圆形洞洞，去探索伟大哲学家的动物隐喻，这构成了质疑和反思的第一步……从第欧根尼到维特根斯坦，再到叔本华和海德格尔，哲学家丰富了孩子们的图书角！用几句简单的话，转述庄子和爱比克泰德的理论，一个完整的宇宙向小朋友们敞开，一同探索东西方古代圣贤之路——谁说孩子们还太小，不能进行哲学思考？

——《玛丽·克莱尔幼儿杂志》推荐